I060501б

El arte de enhebrar

El arte de enhebrar

Otros poemarios de
ALEXIS SOTO RAMÍREZ
(La Habana, 1967)

Celada
(plaquette, Santiago de las Vegas, Cuba, 1988)

Estados de calma
(La Habana: Extramuros, 1993; y
Ellicott City, MD: Lenguaraz, 2019)

*Oscuro impostergable o la circunstancia
de la hormiga*
(Ellicott City, MD: Lenguaraz, 2016)

Turbios celajes intrincados
(Ellicott City, MD: Lenguaraz, 2016)

La moda albana
(Ellicott City, MD: Lenguaraz, 2019)

Por los eneros sórdidos
(Las Cruces, NM: La Mirada, 2021)

A L E X I S   S O T O   R A M Í R E Z

El arte de enhebrar

Ediciones La Mirada
Las Cruces, Nuevo México
Estados Unidos de América
2023

El arte de enhebrar
Primera edición: agosto 2023
Derechos Reservados: Ediciones La Mirada
Hecho en los Estados Unidos de América

ISBN: 978-0-9971960-6-1

© 2023 de esta edición: Ediciones La Mirada
© 2023 de los poemas: Alexis Soto Ramírez

Edición: Jesús J. Barquet
Cuidado de la edición: Jesús J. Barquet
Diseño de cubierta: Jorge L. Porrata
Maquetación: Alexis Soto Ramírez

AGRADECIMIENTOS: A Jesús J. Barquet, José Antonio
Michelena Gutiérrez, Virgilio López Lemus, Eric Conde,
Chavela y Enrique Bernales Albites. Y a New Mexico
State University.

Todos los derechos reservados. Ninguna parte de esta publicación puede
ser reproducida, almacenada o transmitida por ningún medio, ya sea
eléctrico, químico, mecánico, óptico, de grabación o fotocopia, sin la
autorización escrita de los titulares del copyright.

Made in the United States of America by La Mirada

Índice

Prólogo

El arte de enhebrar, nuevo poemario del destacado autor cubano Alexis Soto Ramírez, retoma temas y formas (desde el verso corto y el poema breve, hasta la prosa poética) desarrollados en su entrega anterior, *Por los eneros sórdidos*, editado por esta misma editorial en 2021. En dicho retomar se destaca su obsesión por hilar un peculiar lenguaje poético y continuar la estética barroca presente en la literatura caribeña.

Soto Ramírez nos construye un ámbito autónomo a partir de la sensualidad y de la riqueza y virtuosismo de sus frases y vocablos. Lo que en 2021 afirmé sobre *Por los eneros sórdidos* se continúa y renueva en el «banquete barroco» de *El arte de enhebrar*: aquí se incorporan

> todos los elementos de esta estética y manera de entender la existencia humana: los espejos, lo grotesco, el humor, los placeres sensoriales, la muerte, la crisis existencial, la exuberancia, la conciencia y la reflexividad del lenguaje y el arte. El ser barroco es una manera exuberante de vivir. (latinobookreview.com/por-los-eneros-soacuterdidos---alexis-soto-ramiacuterez--latino-book-review.html; mi traducción)

Si bien ambos poemarios dialogan, no estamos frente a un mismo libro. Lo novedoso en *El arte de enhebrar* es lo anunciado en su título: enhebrar. Y, ¿qué es enhebrar en la fabulación poética? El lenguaje es el hilo que el poeta debe remojar con el refinamiento de su lengua para que pueda atravesar el ojo de la aguja. El poeta nos hace entrar en un recinto donde los excesos expresivos y temáticos nos seducen y conmueven: la luz, el agua, la esplendidez de las palmeras, la reveladora oscuridad de las ideas y el arte de ingenio conforman la sólida arquitectura del sentido y del sentir que hallamos en cada texto.

El poema que le da nombre al libro, «El arte de enhebrar», se encuentra al final de un viaje por las islas en las que Soto Ramírez nos hace perdernos para recuperar el amor hacia la urdimbre poética y hacia un mar de múltiples significados llenos de vida, porque el barroco lo que hace es recordar y actualizar ese ahogo vital: en «el arte de enhebrar —afirma la voz poética— una aguja nos promete el cielo» y «ruborosas / al silencioso fanal / se abren las palmeras».

Construir a partir del lenguaje es un arte que requiere mucho cuidado y sensibilidad. No se trata de crear un espacio donde nos refugiemos como si fuera un cielo lejano; lo que nos atrae son los colores de ese cielo, los cuales se encuentran en el mar o las islas del Caribe. El color es fundamental en este viaje donde la luz y sus contrastes debidos al fanal nos permiten llegar hasta unas palmeras que son el destino último de nuestro existir: las palmeras como la esencia de la vida en las islas, una vida rodeada de un mar que es también amor.

El libro abre con el misterioso poema «El pescador», cuyo sujeto lírico expresa lo siguiente:

> qué misterio se esconde
> entre el rojo y el negro
> qué ventarrones sacuden
> al cuerpo y su pecado
> una sal antigua a la madera cala
> un diluir de nudos revela
> antojadizos emblemas

Estos versos resumen en buena medida los logros poéticos y las preocupaciones del barroquismo que tan bien practica Soto Ramírez y que se desarrolla con suma eficiencia y conciencia literaria en todo el enhebrar del libro. El contraste de los colores, la oscuridad que transmite el misterio, la fuerza de la naturaleza con respecto a la sensibilidad humana que es más que cuerpo, sin dejar de serlo..., siempre hay otro universo más allá de lo que se diluye ante nosotros, otra realidad por descubrir: como en *Las Meninas* (1656, Museo del Prado), de Diego Velázquez, encontramos más y más «antojadizos emblemas».

En «Luna», la voz poética confiesa los claroscuros de su alma, muy alejada de la abundancia y la sensualidad propias del Caribe. En los reflejos de esa luz fantasmagórica se destaca, sin embargo, un aferrarse a la naturaleza. Como un árbol enraizado con firmeza, el poeta caribeño resiste a los embates invernales: «así supe que ella codiciaba mis miserias / entre las ramas de los árboles se dejaba entrever / por la fisura incomprensible del invierno».

Entre otras figuras, el caracol funciona como un *leitmotiv* en el libro. En «Nocturno», se muestra siguiendo la premisa del autor: «augusta la parsimonia del caracol / sin una raya en el lomo / sin emitir la más mínima / cantidad de luz». Es un caracol cuya existencia se encuentra encerrada y definida por su misterio, por lo que no vemos de él; un caracol cuya casa es él mismo, de la misma manera en que el lenguaje es para el poeta su casa y, más aún, «la casa del ser», según afirmó con claridad Martin Heidegger en su «Carta sobre el humanismo» (1947), y no con la genial monstruosidad con que José Lezama Lima y Luis de Góngora ejecutaron similar concepto:

> El lenguaje es la casa del ser. En su morada habita el hombre. Los pensadores y poetas son los guardianes de esa morada. Su guarda consiste en llevar a cabo la manifestación del ser, en la medida en que, mediante su decir, ellos la llevan al lenguaje y allí la custodian. (Heidegger, ucm.es/data/cont/docs/241-2015-06-16-Carta sobre el humanismo.pdf, p. 1; traducción de Helena Cortés y Arturo Leyte)

Lo afirmado por Heidegger explica con justedad la finalidad del lenguaje en el caracol-poeta, ya que este sujeto elegido ha aceptado al lenguaje como su dios, lo ha acogido no como refugio frente al mundo, sino como el mundo mismo. Para sus obsesiones, el caracol no es augusto solo por desplazarse con parsimonia, sino también porque, en vez de emitir luz, la devora, concentra y acumula en su ser, como hace el autor con esa luz que representa el lenguaje poético y que él acumula como si fuera un oro mejor. Para los autores barrocos, el lenguaje no es solo casa; es, igual que el oro, la abundancia misma, una riqueza hoy en peligro de extinción por las tiranías de la posthumanidad y de la transhumanidad, pero que en estos versos Soto Ramírez busca defender hasta el último aliento. Así, en «El gran río privado de dios», el hablante lírico explora los muchos misterios que generan el ahondar en las grutas del lenguaje y del sentimiento, y nos alerta:

> puede un malestar dibujar un jeroglífico
> o la destilación precisa de lo bello
> ojos hilando complicadas trampas
> con pasos amables
> cercando al devenir sin rostro

Los contrastes son la piedra angular del barroco. Por eso puede acercarnos «un malestar» a lo bello, o «un jeroglífico» a lo que está destilado. En un ejercicio supremo de habilidad, el poeta debe evitar ahogarse en la laberíntica prisión que, a veces, el lenguaje construye en torno a su voz. Como Teseo, o más bien como el Minotauro, el poeta debe encontrar, por cualquier vía, la salida de ese laberinto y entregarse al goce de su ser.

En «Rapsodia para Camagüey», «Música», «Narciso», «Sierpe», «Sueños», «Cuidado no despierte», «Gabrielle», «El oscuro poeta», «Luz», «Ars acuática», «Amanece» y «Manantial» con su «relumbre gongorino» (explícita referencia a Góngora), entre otros poemas, el diálogo con los grandes temas del estilo adoptado es muy evidente: la luz y la sombra, la figura enigmática de Narciso, la serpiente, el agua que no nos refleja, pero que nos siente. Esta orgía de lenguaje vital que crea Soto Ramírez es fruto de su lectura atenta de la tradición, así como de sus ansias por explorar las oscuridades y las luces de un existir entendido como lenguaje por el sujeto poético tan decididamente barroco que encontramos en *El arte de enhebrar*.

ENRIQUE BERNALES ALBITES
University of Northern Colorado

*Luego vendrá una pausa, mientras el
viento alisa los hierbajos inconsolables*

ELISEO DIEGO

EL PESCADOR

no soy oriundo de estos parajes
antes prefería las plazas
los odres al sol
las húmedas bodegas

el alcohol permea mis sueños
mi piel bajo la lona
a la deriva me escurro entre la demolición
sin importarme violines ni guitarras

qué misterio se esconde
entre el rojo y el negro
qué ventarrones sacuden
al cuerpo y su pecado
una sal antigua a la madera cala
un diluir de nudos revela
antojadizos emblemas

remolinos de hojas de viento
a los manantiales intocados
de la selva me llevan

el tránsito por el mar es mi castigo
mis noches se atragantan de estrellas
y la torpe lona roza mis costillas

será que el acto de huir carece de sustancia
que su ventaja se extinguía desde siempre
en los secretos dominios de la noria

será que yo no soy de estos parajes
que ni siquiera soy de donde recuerdo

Luna

vi que la luna cernía su sonrisa
sobre los destellos enfermos de mi alma
justo cuando más enclenque
mi soberbia declinaba

no sé qué habrá visto en mis costillas
amasijo gutural
sueño impávido mordisqueando los bordes
nebulosos de una galaxia

así supe que ella codiciaba mis miserias
entre las ramas de los árboles se dejaba entrever
por la fisura incomprensible del invierno

En la noche

acarreo esta visión dadora de inefables contratiempos
pagué caro el manotazo al mezquino guardián de mi alma

en la noche se cuelan sabandijas
bajo el manto de arropar estos desvelos

    perecen
    en sueño banal
    las ilusiones

Nocturno

augusta la parsimonia del caracol
sin una raya en el lomo
sin emitir la más mínima
cantidad de luz

horas enteras buscando la hermosura
de una curva que descubra su regreso

llega el caracol
todo lo que en su red podía
ser atrapado fue

cuatro palos enaltecen
su fluir nocturno

Perros

en noches como esta los perros
recuerdan sus agravios

de sus pechos brumosos
como navajazos caen
interminables lamentos

La fruición del carnero

la fruición del carnero descansa
sobre rectas atalayas
la rúbrica del espolón en su frente
presagia oscuridad

una marea inhóspita guía su sueño
hacia los zarcos devenires

como de mármol o acero descansa
la fruición del carnero

La adulación

vi todo el cortejo y me aturdía
sin saber cómo reaccionar

pez ciego
dibujaba incongruencias al carboncillo
tinta malgastada en descifrar
mi propia existencia

rayo sanguíneo surcando el horizonte

serás espacio inexpugnable
dijeron
rodéate de los exaltados e ignora
a los pontífices de la escena
porque el espectáculo real
se lleva dentro

la adulación cobró
en su último minuto
innumerables víctimas

EMBELESADOS

aquella tarde de lejanos humos
los alejandrinos se vendían como lechugas
para entonces habíamos desarrollado
esta terrible alergia al clasicismo

despuntaba una aversión
que todavía nos asquea

acariciar con lasitud el abanico
orlado efluvio
embelesados ante el vaivén de la tarde
como si no fuera real el aluvión
de crímenes absueltos

El olvido

la casa está vendida
de pronto azota un aguacero
nos cala desde mucho antes
del afamado nacimiento

olvidé la palabra que debía pronunciar
olvidé el bochorno
el lodo
las pancartas

los gritos en la plaza
que tanta sangre bañara

MORDIENDO EL INFINITO

tomos y tomos de versículos
en el trasfondo de una tienda
de velámenes

no es culpa del celador su odio
ambarino cendal sobre sus ojos
una veracidad concebida entre los altos
laboratorios del cinismo

nos trae a este sosiego
la incineración astral de los destinos
gatos
alucinógenos perros
mordiendo el infinito

Un cerdo llega

un cerdo llega
todas las tardes a olisquearme
violetas marcianas
al historicismo de los pozos
abandonan

perece inmóvil
la montaña de los sueños
la inefable ceremonia de la carne

vi cómo la espuela revuelve su sangre
curva donde en silencio fluye
el mosto de los años

La vigilia

a la corona preguntaron su permiso
sin increpar a su mano-*platycerium*
ni al pecho las seguras
señales de un encierro

el encierro adivinó peñascos
garabatos sembrados en la gruta
en la estación del metro
andrajos
infinitos légamos
que demoran nuestros pasos

pero qué enardecido viraje
torso y cuello a los antiguos
tumores regresaban

la pierna con absoluto terror
y sobre ella
la gangrenosa vigilia
desbastando

La traición

incitado por la ferocidad del humo
decidí aprovechar las moribundas ascuas
así conocí la ronca sedición
sus patas por el miedo dobladas hacia adentro
así pude ver a los ovillados
por el frío y el hambre

para no perturbar las caras de los astros
el estío abraza cuerpos sin solemnidad
palmeras de vicisitud acuden
a su encuentro

quien decidió pasar la noche en estos predios
traía ya consigo el as de contrabandos
esos pozos que se estrujan
y se adueñan de la noche

el ardor presagia tumbas
el mosto agriado de la especie cae a chorros
por hormigones fríos de un hedor burlón

la incoherencia de las flores
al desarbolado risueño
la vieja impunidad indulta

la placentera maldad de los tambores créese cuerda
el portabromas acuchilla al algodón
por donde suben las palomas muertas de raciocinio

no por gusto sus ojos se desbordan
no por gusto en su gabán esconde
el trapo sucio de la traición

Arenga contra el número

si pienso que la existencia de los números puede desencadenar
una avalancha de rígidos dictados es porque al contrario de la
creencia popular no existe alivio en la hegemonía que reclaman
    la frialdad del número canta una canción en los oídos
tapiados de odiseo en cambio la letra descubre lo que de otra
manera no podríamos adivinar a saber semblante agredido
pasos envenenados luz que irradia de un continente como
una invocación o plaga o una salvaje ola contra el litoral

> si llegué a pensar que los números mienten
> es porque ocultan vértebra torso y sangre

> atrinchera el número una cantidad envidiosa
> y con descaro se eleva al parecer sin límite
> pero en el infinito es donde aguarda
> pacientemente su sepulcro

> el infinito nos deja intuir lo importante
> un bisturí rasgando el paso del tiempo
> mientras salimos al camino
> con la misma cadencia del musgo

> admiramos el vuelo y tarde descubrimos
> la fulgurante palabra en el polvillo que flota
> al colapsar el muro

> lo abrumador es una ecuación sin asíntota
> vigilad estrechamente el axioma

El mal

el mal royendo
el hijo de dios carbono sin silueta
peces de mercurio
el mal royendo
gotas de sudor
fiebres en ascenso
el mal royendo
pueblo chamuscado
el mal royendo
cuerpo despedazado
el mal royendo
histeria persecución linchamiento
el mal royendo
pistoletazo en la sien
el mal royendo
el hijo de dios carbono
sin descanso royendo
hasta llegar al centro
de su hueso

Pegaso

el asesino fue perdonado
su crimen es ahora ley
suprema de la tierra

el brusco desalojo de pegaso
no se dejó esperar
bajo la lluvia arrastraba su cola
sin corcoveos

mirábamos en otra dirección
la moda albana y el tabaco
embotando los sentidos

viejo pegaso que alegrabas
la libreta escolar
refugiado ahora bajo un taburete
sin apenas moverse

LOS OSEZNOS

mientras subían la cuesta los oseznos
miraron hacia atrás solo un instante

todavía la metamorfosis no se dejaba entrever

pesados de cadenas
bajo el esplendor de exquisitas ingenierías
la pulida perfección del instrumento
sacaojos asolador
los espantaba

espanto por la destrucción del samovar
por el descanso amplificado en la desidia
por una infancia perdida en el abismo
que entre todos cavamos

dígase lo que se debe ahora
o en el inhóspito regazo de las horas
mas quede abierto para luego
algún resquicio

la vista atrás solo un instante
como la de aquellos oseznos que escaparon
presurosos cuesta arriba

GIRASOL

*Una mujer ucraniana le ofrece semillas de
girasol a un soldado ruso.*

si ves que la metralla viene
busca refugio

si ves el plomo
sembrando dedos en el lodo
busca refugio

tus pasos adquieren la gravidez
de la derrota

correr no puedes
las lluvias y la sangre
son ahora tu lecho

un girasol germine en el lugar
exacto donde yazgas

Caballos

cincelados caballos sobre el pasto

el pasto es la natural
sustancia del reposo

descansad amados
y que la guerra no toque
vuestras crines

con su perenne filo sesga
sin abandonar su movimiento en arco
la guadaña

la gente va a lo suyo
sin pensar que el caballo
cincelado incrusta
sus belfos en el polvo

Jamón

contrasta la pulcritud del orador en el liceo
con este panzudo parlanchín de brazos flácidos
la antigüedad de la cabra mirando al cielo
podría ofrecer una lección a su decoro
la margarita de labios que le acompaña
con fingido desvanecimiento
musita una palabra o dos de vez en cuando

bajeles repletos de seres disputan
a las gaviotas el pan que con desgano
se les destina
magistrales toldos venden su talego
con tal de recuperar a toda costa el puerto
apretados en corro prometen revelar
la inescrutable dimensión de la semilla

la perpetuidad del ojal
en su paisaje impecablemente almidonado
no podría recordar siquiera nuestro nombre

después de atravesar tanta alambrada
un simple hola podría reparar
siglos enteros

venid saltando túmulos
nos queda un trozo de jamón
para esta noche

LOS MAIZALES

será en el próximo brumario
cuando las puertas abandonen
su injusta cerrazón

será en el próximo brumario
cuando de un golpe estallen
los malditos maizales

El soborno

me gustaría sobornar al guardián que cela
los predios de la espera

es él   lo sé
el que posee el don de las botijas

quien se aventure ante su ceño a elucubrar
verá su ira reventar en pedazos
su miserable cuello cercenado en un instante

suyo es el último bastión
que nos separa de otro idéntico

en lo profundo de tanta opacidad
interminables pasillos nos hablan de un secreto
que nunca llegaremos a poseer

cómo me gustaría sobornar al guardián
dejar vacío el hueco de su puerta

Muros

si se acercara la mar al aposento de los dioses
si perforase al fin los recios muros
la góndola
el entramado que encarna
duda y complacencia

si le explotasen en el cuerpo
los escalones fingidos que a ninguna puerta conducen
se podría en el semblante convocar a una fiesta
amamantar las impecables canciones del hastío

hay historias escritas sobre muros hieráticos
piojos de estremecedores saltos
devastadoras afrentas levantando muros

Sentirse limpio

hay un lugar para sentirse limpio
está en aquella ráfaga de hielo
en ese río mordaz
que las palabras urden

infusos andares resquebrajan
la pisada inconmovible del destino
la tozuda razón
las burdas complacencias

bolo el alguacil
su mueca siempre vigilando
sus ojos volados por la furia
el cielo abochornado ofrece médanos
la calma de un sudor embotando
el sueño sublime de la juventud

el árbol que nos cierra el paso
abre en cambio una hendidura
sereno   libre de ardores
su voz entonces alimenta

no podrá ya perseguirnos el estigma
de la contemplación de los ríos
alimentados por el elixir de sabernos
enteramente limpios

por el resquicio vago revientan los albores

El gran río privado de dios

un acuerdo entre el círculo que no habla
y la tarántula que abandona su agujero
podría derribar a su común enemigo pedestre
quien sin equipaje maldice el polvo del camino
cuando debería ir sembrando palmeras
sin importar a qué sombrero

así fue como se cerró la garganta
del distraído silbador
empachadora ebriedad
como testigo el tambaleante
andar sin barreras

puede un malestar dibujar un jeroglífico
o la destilación precisa de lo bello
ojos hilando complicadas trampas
con pasos amables
cercando al devenir sin rostro

el huevo que la astucia devoró
o la cavernosa fluidez enjaulante
por esos recovecos vagaba mi alma
como un verso magistral

no podía ser de otro modo
las nanas que cuidaron de mis recuerdos
pescaban en el gran río privado de dios

Junto al carretón

deslicé sobre el papel mi abigarrada pluma
escarbando el centro oscuro de dios
en mi pecho

dibujé inconvenientes mentiras
con estos mis agónicos ojos
de contemplar el camino

tracé signos   estelas
pálpitos de andanzas que culminan
en apretados haces

junto al carretón me siento
a descifrar la tarde

El Valle de Viñales

la idea infame de sobreponerse destella sobre el mogote
incendio del que acuden recalcitrantes leopardos
aparatosos colibríes

la incineración de esta y otras alegorías transcurre
por el violín vivaldiano con sorprendente sencillez
rubicundo arrebato y citadino culmen

la más intrusa de las invenciones desciende
sobre el mogote en su ambición
de secuestrar la mirada
pero la mirada salta y ahonda sus raíces
y así descubre y destroza una botella
                    preñada de cocuyos
y rueda deprisa cuesta abajo
hacia el fondo de los acantilados

como si el mulo originario temblara en el nervio ocular
y la grandeza huyera del valle de viñales

Rapsodia para Camagüey

dos breves glorietas sendos tinajones emboscando el camuflaje
del ritmo era desde antes favorable a la productividad de los
esclavos qué va a importar en este país sin musgo el salmo que
ofrecía no consuelo sino un efluvio transgresor

> la palabra puede consolar
> aunque no se la comprenda
> me han dicho una que sacia
> nuestra sed
> una palabra escondida
> en la piel de los tambores

tiene las patas largas de resuello el amuleto que brilla en el fondo
del pozo silencios impregnando las múltiples capas de su piel
espejo de cobre sobre la mesita de noche mas qué hacer con
la noche si hunde manadas enteras de camellos bajo el abrigo
verbal de la galaxia

> los beduinos querían comunicarnos
> el símbolo abandonado por anacoretas
> a mitad del desierto partían
> una de asombro y otra de intuición

> así se ordena el universo en dos partes
> de ninguna manera complacientes
> así se agarran con devoción
> a un amuleto olvidado

> la buena suerte nos acoja
> en esta noche cruel

por la ventana oteé el frío abrazar a los desnudos árboles gotas
de hielo colgaban de sus dedos sin despreciar ni al alto ni al bajo
el frío abrazaba a todos por igual pero no es este el paisaje que
deseo descubrir sino otro aun más profundo veo sus rincones
enlodados y es precisamente allí donde se sienta el personaje
de esta historia a murmurar su largo misterio sus andanzas
cabizbajas

> he visto en el umbral de este cuarto maldito
> los colores más odiosos
> por eso prefiero las esquinas
> por eso verteré mi vino sobre las alfombras
> para que se aquieten por un siglo más
> los santos infalibles

había una palma en medio de la pradera ondeaba su melena
acosada por el viento llano es mi corazón como los llanos de
camagüey como la altivez perdida de sus palmas

Florencia

aprovechad pagano si podéis
el bello pasillo de barrocas losas
      el arco
      el callejón
el contorno de la puerta seráfica
      la luz
tímidamente gualda
      de florencia

Flamenco

no se me da el hablar así
directamente
antes prefiero la sal
de los acantilados
el triste aullido de los perros
reclamando a los astros
perdidos huesos de otras épocas

más se me antoja el escabroso
flamenco llorar
de los paganos corceles de la ira

súbita guitarra escabrosa
tus acordes estrechos a lo fingido
y meditabundo
y sediento me llaman

Cantaba

cantaba
como quien tira de un carretón
por senderos riscosos
redimiendo con su canción
la rabia

sorbía una cerveza de dudosas ínfulas
luz roja cayendo sobre las latas

cantaba
con la ternura de un ajolote
su voz reptando
como quien tira de un carretón
por senderos riscosos

Música

vientos que arrastran diapasones
reverberación de aquel vaivén primero
la inextinguible pulsión
de todas las cosas

LEOPARDOS

el tiempo dibuja rostros
extremidades
en la remota infancia
de la mandrágora

la música pare a su otra imagen
con los ojos cerrados

ve tanto como puedas y pasea
entre el hostigamiento de la cabra
y la mano cerrada

bienaventurada la renuncia
que inventa sus leopardos

creo en la espiral trunca
sus nudillos en la puerta desgastando
roza muro ralo improvisado pincel
mediocre aldaba
verde aldea
orgías bacanales raptos
la inmerecida espiral ceñida
sus nudillos en la puerta desgastando

Narciso

crecía de reojo
    baba envidiosa
        narciso en el espejo

pálida ninfa te acarona

Caballo

caballo violáceo
crin bermeja
la muy blanca bruma
acantilados besa

Locomotora

bosque infinito
pieza de jade sellando su firmeza
aljibes
brocales en función de un sortilegio

no del todo se hunden sino quedan
en un estado permanente de vigilia
mientras no sean claras
las motivaciones de su edad

así el vacío perdura en los tejidos
táctiles de la infancia
una vieja locomotora diluyéndose
sobre el horizonte

Alrededor de la nada

miraba de reojo el devenir de una cosa
que poco a poco dejaba de ser
un lúcido conejo
de abigarradas plumas
siniestras escopetas vapuleadas
mansamente por los pájaros

será que el solo hecho de mirar
así sea de reojo
el devenir de esta cosa
que va dejando de ser
te puede convertir en anticuerpo
de afables menesteres
o en una espuela ígnea girando
alrededor de la nada

Aldaba

de oscuros bordes bruñida
lagarta en el ojo azul
de su melancolía

sombra que anilla y alcanza
su potencial de luz
allá donde el fin incierto deja
un rastro menguante

Sierpe

largo pasillo de memorias
saliva gris de los malignos
por las paredes como retratos
de sobrios antepasados

sierpe trigueña
la más sedienta
desde afuera en diapasón abriendo
los febriles ojos

Lonjas

flanqueada por la notoria inflexión
y la puerta jugosa de un corrimiento
la jeta dibuja con olas de sarcasmo
su nuevo regocijo

bajo lumínicos carteles la agonía proyecta
bajorrelieves de ostras bañadas
por el vaho lunar

mágica energía de los rostros de platino
juego bisiesto entre lámparas de hormigón y vidrio

la zona tributaria arqueándose
(muestra una manzana sin dueño
a tiempo de reconocer excusas como espigas
vestigio de torbellinos en formación)
propone un canje no sancionado
entre el próspero hermes
y un hermético alumbramiento

óseo rigor
la mítica incursión del elemento acuoso en el espejo
divinas bajo la canícula discurren
resbaladizas lonjas de poderosa ansiedad

LAS GEMELAS

batiendo alas
veleidosas
al engranaje seductor desperezan

sendas sonrosadas alcancías
ciénagas dejadas atrás lubrican

la una abre con asombro los ojos
—el valle al fondo es una llamarada—
y muda su savia en miel de campo

la otra divaga
desborda un mal fingido afán
       de soberanía
y entre gemidos disimula
su incontrolado garbo

las dos arriban destilando gracia

SUEÑOS

el movimiento imperceptible de las estrellas
el zumo que dejan a su paso
cometas en huida

la esterilla en que tendidos soñamos
estas cosas

AJEDREZ

las alegorías ajedrezan las paredes
de papel humean
se expanden
abanico o acordeón abriendo
en espátula
la sonoridad mullida
del caracol

la imagen cubre la boca del destino
y antecede las pulidas
piedras del ayer
y la cascada en su piñata
(como duelo de enanos que descuelgan
en la sombra sus pancartas
o bruscos tinteros
de siniestras interpelaciones)
recubre de una pátina incierta
los recuadros

revueltos
como las barbas de whitman
los ajedrezados eslabones reclaman
la crecida del agua en la montaña

La montaña

será la montaña
la que atraviesa el paisaje
o es toda ella el propio
paisaje atravesado

ALPINO

rostro de filos encumbrados
diáfana pesadez
ojo goteando
la trabajosa subida

ah rezumar tranquilo de roca
gozoso el baño de tus greñas
lazos o trampas
de barro te reclaman

luego quedas allí
como una más

Cuidado no despierte

me he retirado a los bosques a pensar
estuve bajo la lluvia todas las horas posibles
hoy y mañana será un ramo incandescente
escalofrío subiendo por la espalda

aprisa intentan escapar de sus sombras
los que apenas resisten el peso de su existir
la mentira es la cadencia con que se arriba
al plácido cuerpo de los montes

no se debe practicar la nostalgia cuando se huye
todo lo que predicamos es ya una piedra sumergida
entretanto la tierra sigue su destino
tropel de vientos arrebolando
el torso que no cesa

dormita el caos en el recodo
quieto de la sangre

cuidado no despierte

En los trigales perversos

en los trigales perversos el viento anega
gargantas imposibles
malditas alocuciones levantan vuelo
en medio de las llamas que la furia impele

en los trigales perversos
el viento.

El viento

golpe inoportuno de viento
tu celo puede levantar hojas
las más bellas
no así las que humildemente
al suelo abrazan

En el cafetal

húmedo ojo de sierpe
oculto entre las hojas

fuerza de paloma palpitando

un aleteo precoz
busca la vida

El ciego

nunca hablo del ciego
ni de sus manojos
ni de su cara pálida

titubeante bastón y plexiglás
doblado sobre el turbio cuerpo
de la tormenta

Capitulación

bajío que amenaza con cerrarse
por donde cruzan a pie los campesinos

a quien no canta le llueven los fonemas
la capitulación estrepitosa
       de las hormigas

El amanuense

el amanuense perdió el sendero
su talego recogía del camino
piedras mortales

el amanuense no puede renunciar a sus temores
no puede decir   este es mi coto
a ciegas avanza
salva milagrosamente los escollos

los fondos oscuros de los ríos
resguardan su misterio

SORPRENDE

a Genaro Migueles (Pipa)

sorprende ver cómo mueren las venerables cabezas que alguna vez guiaron al rebaño sorprende el mutismo como un manto cubriéndolo todo sorprende la soberbia desplomándose contra el asfalto ojal abigarrado del tiempo mueca de antiguos odios de imperdonables iras sorprende ver cómo se encogen las palabras porque no es posible el retorno desde aquellas fogatas abruptamente ahogadas

La zona más agujereada

yerto me encajaron en la zona más agujereada
donde resbala una ebriedad de súbitos barrotes
y agobian los restos de un velamen
por los arrecifes astillado

el manifiesto del establo
pedazo de humedad generadora
sus versos
manjares de alto vuelo
intuición derramada
brisa de flores sin tirantes
maltrecho imán
sujetando al exterminio

la zona más agujereada se abre
bajo mis pies torcidos que no alcanzan

ALZHEIMER

con pasión de orfebre el gastado
sombrero entre sus manos acaricia
a la sombra de un árbol
rumiando sus olvidos

cano cabello y enjuto corazón

quien lo ve desde un banco cercano no imagina
que ya no recuerda el nombre de sus hijos

enternece su silencio abstraído
mientras sus dedos recorren
la antigua felpa

una niebla pueril devora sus caminos

Rojas

oh insolente punción que sufre el cuello
al naufragar hacia el centro
de todo lo difícil

el disparo en la sien nos parecía lejano
pero ahí está
frente a nosotros

el que fanal otrora fuera
apagado se hunde
en una gasa infernal de desespero

Robert Morris

reptando por el cuello la vena
sucesivas talanqueras su púrpura
culebra vencía

tenías un látigo en cada mano y lo soltabas
a diestra y siniestra
como un dios de las indias

pájaro enredado en tu propio
devenir etéreo
lápiz que en silencio dibuja
la filigrana interna de un pulmón

nube que al respirar
innumerables redecillas encuentra
ronco y translúcido violín
imperceptible augurio
malditos caballos te arrastraron
al prematuro erial
donde tu voz se extingue

CALÍGULA

calígula imberbe levantó alas
hacia el pintado sol su flama indócil
su pluma averiguó la ruta
castillo febril las astas
dobladas de los ciervos

volvías a ver y era
un paisaje de fuegos recién nacidos
un trozo de lecho y un clavel
laberinto dibujado en mar de infamia

bañaba la depuración en octanaje
como a felices terneros de domingo
barría un viento envenenado
los hoyos infectos

ah calígula confiesa de una vez tu magisterio
por los que fueron a morir almas enteras

en cerrazón de ciervo aguzas el oído
la rama que arde infinitamente conoce tu designio
mares de tormentas soplan en desacato
y desnudan ahora tus alientos

entre parajes de fuego la maldita sangre
de tu familia danza

GABRIELLE

Notas sobre Gabrielle, *un filme dirigido por Patrice Chéreau, con Isabelle Huppert, 2005*

mientras discuten yo me fijo en las franjas verticales de los divanes en el hombre impecablemente vestido indagando sobre las andanzas de su mujer durante todo el día en las sirvientas de gorros blancos mirando hacia abajo en la escalera ondulante en los muebles que dan sentido y profundidad a la enorme casa

ahora se pliegan hacia el fondo queriendo evadir los oídos de las sirvientas ah gabrielle cómo pudiste ir hacia tu amante llevándote tu piel y mi vida podías devolver la mirada pero no sonreír acaso fue la gentileza en el toque de su mano o los candiles arrebolando tus hombros como trémula gasa en vuelo

la cámara la sigue mientras él (rizos dorados) se mueve en su impoluto traje incapaz de comprender no fue tan largo el idilio de tres a siete no podría el corazón verdad no podría a estas alturas él ha ido perdiendo su inicial pundonor implora una solución que le permita una presencia entre tus sedas ah pobre alma mezquina las sirvientas atienden solícitas a la llamada de la campanilla

y la bella expresión de gabrielle rostro de mármoles bañados por el alba embebida en sus recuerdos interrogando a yvonne que tuerce sus dedos sin saber responder pero aquel era otro tiempo de verdadera felicidad no apto para tus oídos yvonne

dejadla con su dolor sus ojos anhelan el desbordado fluir torso anegado ombligo de felina ardiente ondulación

EL OSCURO POETA

a su regreso
el oscuro poeta se sentó sobre el muñón
a desnudar el último vestigio de lo bello

repartía cartas de deshonor
su cabeza un sudario templado por el vino
pulcro vaivén su pleitesía
llama febril ondeando al aguacero

a su regreso
el oscuro poeta
desabrochó su nombre

CHAVELA

a mi mujer

chavela por los parques marxistas de parís
chupando un durofrío epistemológico
chorreaba maoísmo por todos lados
cuando una gota roja percudió
su blanco vestido de domingo

esto fue lo que la puso
finalmente a llorar

El vendedor

pondera su destino
el vendedor de baratijas

rebosa de orgullo
como de piastras
su bolsillo

inflado es su torso
y ligera y hueca
su palabra

Los constructores

en silencio blanden los martillos
sobre el crujiente cantar del andamiaje

corcovadas siluetas
os arropa el delicado blancor
de la neblina

Luz

luz a punto de extinguirse
frente al impuro bosque

en otro tiempo luciérnaga
indómita eras
cerco pueril de los anhelos

por fin te deshaces
luz

tu destello no dura
lo que un pensamiento

El viaje más largo

luz peregrina que juegas sobre el río
desde el alma incesante de los astros
me visitas

tu estancia es el viaje más largo

Reposo

sobre la pared los emblemas del agua

agua
agotamiento
aguamanil
aterciopelado punzón que hiere
y refulge
como refulgen los sonoros guayabales
y las casitas que a duras penas se sostienen
como el guarumo por el viento vestido
de antojadizos tucanes

así el tenue movimiento despierta
así la solvencia sana

respirar este concierto nos trae su reposo
bajo la sabia cobija de la infancia

Puerto

en la mañana esperaré el secuestro
con la astucia propia de quien anuncia un huracán
sangre de intruso abolengo
de fuerte volado en explosión

llevaría sin temor un lirio
a la usanza de los viejos románticos

quería navegar hacia el ignoto puerto
de veleros que al final no eran

La gaviota y la isla

roto sideral
trueno sin cordura
la gaviota en el centro
            mismo del cielo
perfección que se quiebra
alud que no redime

contra el abismo su silueta
            dibuja maldiciones
se funde en un abrazo
            a su derrota
toda simetría es inaudita
toda imprecación inútil

después le preguntaba a la noche
si había presenciado esos delirios
esos vuelos de criatura en total desamparo
la gaviota queriendo alcanzar el desollado
cuerpo de la isla

el meticuloso redondeo de la piedra en su largo contacto con el
agua la polaridad que con descaro su incivil sosiego atrabanca
nos es difícil explicar cómo sucede tal atrabancamiento he
traído del patio un sinnúmero de insectos atados a mi cuerpo
extracto y condición de lo cimbreante puerta batiendo sus alas
al encuentro de la madrugada y me pregunto qué flauta rimará
su retroceso qué impulso los hará retractarse gesto sutil los que
lucen sus sombreros bajo el agua

en su camisón se baña distraída la garza lustre reverberando
en la región más luminosa relámpago cayendo sobre las aguas
pero el relámpago no les permitía colorear su desesperación no
nos vendía el verde del cilantro y en su insistencia el fervor de la
caña quedaba irremediablemente incomprendido

      familiares
      juntas
      las cañas podían derrotar a la plaga
      por su cúspide preñada de insomnio
      el ojo de la caña miraba sin argucia al infinito
      contraído torso tubular
      sorbía celoso con unas ganas
      como de pirotecnia china
      en noche de año nuevo

pesqué una ameba en un charco que hundía sus colmillos
en una luz quebrantada en este mismo charco pudimos ver
al bardo ahogar sus ojos seco excremento debajo se retorcía
de impaciencia la esperanza hombre de pocas lecturas me
repetía yo mientras mis descompuestos ijares ahora tan solo
simples láminas de estaño trituraban cápsulas de controversiales
dudosos ingredientes

Manantial

a mi hijo José

relumbre gongorino
minerales bañando sin agenda
fresca carita asoma precoz
desbaratando ensayadas pantomimas

luego del silencio queda solo su gracia
y el incuestionable hecho de nacer
y aferrarse
como el que más

Amanece

luego de asistir a los exhibicionismos de rigor
toca desprender la fruta de su rama

luego de develar los artificios
cae sobre los ojos un enorme cansancio
verdín de continuados efluvios

luego de la lluvia
sobre las palmas amanece una acuarela en ciernes
fulguración de pájaros y nubes

inmerecida es la contemplación
de cualquier nacimiento

Un paseo por el río

el yodo cala las yemas de los dedos
yodada yema   triste yugo
en la naciente
la vaporosa ninfa impulsa
crestas infantiles

plácida roca
escudo contra la mano hurgona
en medio del río calentando al sol su lomo ebrio
mientras su panza fría al cauto camarón cobija

oculta entre las ramas y hambrienta
oro colgante y pico textil el ave
volado celofán
lengua almibarada al incipiente
yodado vuelo rectifica

ABRES CON TUS DEDOS

abres con tus dedos la floresta
bajo un techo de aguas voluptuosas
sordas arpas vibran en la noche

asomas tu silueta entre jazmines
como un fantasma líquido
o calamitoso puente opresor

por este ingrávido jardín
       como un caracol bajó
       sin cascabeles tu alma
plena supuración y deshielo

por este ingrávido jardín
       oh sudoroso corcel
       oh molusco encabritado
entre ramajes tu invertebrada
combustión regresa

El arte de enhebrar

por la calle veo pasar a los desorejados pantalones de siempre
a los que auscultan el aire para no escuchar el silencio atronador
que los impele
para no contemplar este barco senil
de locos en ayunas

      tu sombrero no es un tiesto para flores
      sino una ganzúa en medio de la presión
      que ejercen los violines

en otra etapa del invierno vi una claridad
que parecía apaciguar a los pálidos refajos
así debemos vivir
entretanto la condición lo favorezca
lodo   agua   cieno
las cuatro cuerdas que al reventar
mostraron su valía

      decid del lobo su tierno deslizar sobre la nieve
      su proverbio callado sin ondas expansivas
      hueco de sol entre la niebla

el invierno nos regalaba algo de salud
cuando agarrados de las manos
pudimos almorzar un bailarín
mareado por la bruma

      en el atril verás tu sangre
      ya está escrito
      rasgos bordados en el corpiño de la huida
      por el corsé de la noche resbalaban preciosas
      botitas de livianos pasos

por qué no llegan a demoler las columnas
ni se escucha el jubiloso sonar de las trompetas
el arte de enhebrar una aguja nos promete el cielo

    ruborosas
    al silencioso fanal
    se abren las palmeras

Títulos publicados por

Ediciones La Mirada

Ediciones La Mirada
Libros a la venta en Amazon.com

2014. Isel Rivero y Jesús J. Barquet (eds. e intro.): *Katábasis: siete viajeros cubanos sobre el camino*. ISBN: 9780991132508. Imagen de cubierta e ilustraciones interiores: Justo Luis.

2014. Carlota Caulfield y Jesús J. Barquet: *JJ/CC*. ISBN: 9780991132515.

2015. Virgilio López Lemus y Jesús J. Barquet (eds. e intro.): *Todo parecía (poesía cubana contemporánea de temas gays y lésbicos)*. ISBN: 9780991132522. Imagen de cubierta: Jorge L. Porrata.

2016. Mercedes de Acosta: *Imposeída (46 poemas)*. Ed. e intro. Jesús J. Barquet y Carlota Caulfield. Traducción: J.J. Barquet, C. Caulfield y Joaquín Badajoz. ISBN: 9780991132546. Imagen de cubierta: José Rosabal.

2017. Mercedes Cortázar: *Orbes 1959-2016: Tierra-agua-fuego, Orbe terrestre, La Afrodita de Cnido, Razón de Eros, Naturaleza en el espejo*. Edición: Jesús J. Barquet. Prólogo: Alberto Abreu Arcia. Comentarios: Julio Cortázar, Gastón Baquero y Servando Sacaluga. ISBN: 9780991132553. Ilustraciones interiores: Andrée Conrad.

2017. om ulloa: *glotOnerías y olfAteos (de florEs en cUbículos)*. Prólogo: Yoandy Cabrera. ISBN: 9781544264943. Imagen de cubierta: om ulloa.

2017. Reinaldo García Ramos: *Espacio circular: quince nuevos poemas y veintidós respuestas a Gerardo Fernández Fe*. Prólogo: G. Fernández Fe. ISBN: 9781973981411. Imagen de cubierta e ilustración interior: Sergio Chávez Bonora.

2018. Jesús J. Barquet: *Aguja de diversos*. ISBN: 9780991132560. Diseño de cubierta: Jorge L. Porrata.

2019. Heriberto Pagés Lendián: *Una onda en el agua*. Prólogo: Virgilio López Lemus. ISBN: 9781796219371. Diseño de cubierta: Franky (Maya) Piña.

2019. Jorge García de la Fe: *Camino de imposesión (sonetos)*. Prólogo: Fernando Olszanski. Estudio: Jesús J. Barquet. En coedición con El Beisman (Chicago). ISBN: 9781798954010. Imagen de cubierta: Ignacio Guevara.

2020. Aimée G. Bolaños: *Alada viajera (apócrifos verdaderos)*. Comentarios: Eliane C. Amaral, Carlos A. Baumgarten, Núbia J. Hanciau, Jesús J. Barquet y Giliard Barbosa. ISBN: 9781658143578.

2020. Maricela Duarte-Stern: *De cierta arena*. Prólogo: Eduardo Cabrera. Comentario: Anna Francisca Rodas Iglesias. Colección Nuevas Voces. ISBN: 9781071137383. Imagen de cubierta: Luis Caal.

2021. Alexis Soto Ramírez: *Por los eneros sórdidos*. Prólogo: José Antonio Michelena Gutiérrez. ISBN: 9780997196054. Imagen de cubierta: Alejandro Mendoza.

2023. Yoandy Cabrera: *Koûros Habana*. En coedición con kýrne (Rockford, Illinois). ISBN: 9798398260465. Diseño de cubierta: Dashel Hernández.

2023. Enrique Bernales Albites: *El lenguaje que la nombra*. Prólogo: Sarli E. Mercado. ISBN: 9798398604474. Diseño de cubierta: Maya Piña.

E D I C I O N E S L A M I R A D A

Editor Jefe: Jesús J. Barquet
jbarquet@gmail.com

Editora Asociada: Carlota Caulfield
amach3@hotmail.com

Editor Asociado de Reseñas: Yoandy Cabrera
yoandyc@gmail.com

Diseñadora Jefa: Maya Piña
LaDieciocho@gmail.com

El arte de enhebrar, de Alexis Soto Ramírez, concluyó su proceso editorial el 31 de agosto de 2023, en las ciudades de San Isidro del General, en Costa Rica, y Ellicott City (Maryland), Chicago (Illinois) y Las Cruces (New Mexico), en los Estados Unidos de América.

«*La poesía es un umbral, más que un camino.*»
SEAMUS HEANEY

www.ingramcontent.com/pod-product-compliance
Lightning Source LLC
Chambersburg PA
CBHW031055130726
47906CB00007B/336